문득,

우정숙시조집

목언예원

문득,

지은이 · 우정숙
펴낸이 · 민병도
펴낸곳 · 목언예원

초판 인쇄 : 2021년 8월 15일
초판 발행 : 2021년 8월 20일

목언예원
출판등록 : 2003년 2월 28일 제8호
경북 청도군 금천면 선바위길 53 (신지2리 390-2)
전화 : 054-371-3544 (팩스겸용)
E-mail : mbdo@daum.net

ISBN 978-89-94733-02-9 03810

값 10,000원

문득,

우정숙시조집

목언예원

■ 시인의 말

두 번째 시조집을 묶으며
내게 문득, 묻는다. 시조는 왜 쓰는가?
늘 묻다보니 어느덧 벗이 되었다.
딱히
내세울 것 없는 삶이지만
작은 인연이라도 소중히 지키려 했고
또 지키며 살아왔다
더도 말고
덜도 말고
내 그릇만큼씩 담으려 애쓰고 있다.
앞으로도 내안의 숨은 나를 불러
소신껏 진솔한 삶을 엮어 내리라.

2021년 여름
우 정 숙

CONTENTS

문득,

— 우정숙 시조집

PART 03 | 피로회복제 • 47

PART 04 | 꽃신 • 65

01

다소곳 해를 섬기다

낮달

선운사 동백

겨울꽈리

동백

정박

늙은 가스렌지

앉은뱅이꽃

민들레 일기

장을 달이며

봄아!

여진

소금쟁이의 말

니, 와카노!

기억불통

벙어리

종이비행기

낮달

못난 척 할 줄 몰라
잘난 척 더더욱 몰라

지나가는 산바람도
뜬구름도 본채 만 채

다소곳 해를 섬기며
때가 오길 기다릴 뿐

선운사 동백

아직도 못다 놓은 바람 끝을 잡고 있나
상처 난 꽃잎마다 몰래 흘린 눈물자국
겹겹이 새긴 외로움 삶의 문양 또렷한 너

찾지 못한 사랑 있어 간절한 꿈이 있어
천 갈래로 뻗어가는 저 속을 누가 알까
매달려 시들어가도 모르는 척 웃고 있네

오래 움켜쥔다고 더 눈부신 삶이더냐
이제 그만 놓으라고 그래도 괜찮다고
봄 햇살 맨발로 와서 붉은 어혈 풀어주네

겨울 꽈리

한 아름 된바람도 선물인 양 받는 언니
부천 메디홀스 병원 하루 건너 드나든다
제 핏줄 꽃놀이하듯 삼십 년째 투석 중

지하 셋방 타고 흐른 감전의 쓰린 기억
감당 못할 물집들이 꽈리처럼 부푼 걸까
툭 툭 툭 불거진 살갗, 어제를 또 걸러낸다

양 팔뚝 붉은 열매 주렁주렁 묶어 두고
숨은 혈관 통로마다 시퍼렇게 얼룩져도
차라리 더 환한 미소, 해를 당겨 품는다

동백

그대 맘에 묻힌 다면
눈 속이어도 좋아라

언제나 함께라면
창파여도 좋아라

꿋꿋이
손 꼭 잡은 채
숨이 지면 더 좋아라

정박

흔들리며 지켜낸 삶 나루질이 잠잠하다
눅눅한 고랭이풀 버드나무 그늘 아래
숨죽인 나룻배 한 척, 버려진 줄 모른다

그물 바람 울렁이면 철새처럼 왔다 가던
4남매 붐빈 자리 그리움만 더듬는 속살
긴 장대 낮달이 걸린 노 하나를 잡고 있다

닻을 내린 이즈음에 들썩이던 나를 불러
지나던 구름 한 자락 그마저도 불러 앉혀
유월 늪 뜨거운 물살, 꿈결인 듯 껴안는다

늙은 가스렌지

처음엔 파란 불꽃 그을음도 없었다
손끝 살짝 닿으면 찌지직 스파크 일고
두 눈빛 알전구처럼 총명하고 맑았다

어느새 미간의 주름 까맣게 새긴 저녁
옆구리 툭툭 치며 어제 일도 기억 못 해
또 하루 거꾸로 더듬다 되물어 다그친다

강도 높던 점화력도 스르르 기가 죽고
깜박깜박 멀어지는 충전의 시간 위로
무덤덤 말수는 줄고 정물로나 앉았다

앉은뱅이꽃

발 들일 흙 한 줌 없는
콘크리트 틈이 내 집

넓은 땅 부럽지 않아
곁을 내줘 고마울 뿐

먼 하늘 보지 않아도
땅만 봐도 너무 넓다

민들레 일기

오르고 올라보면 굽은 길도 훤하다
오가는 사람들의 발끝에 차여가며
절간 앞 돌계단 틈새, 자리 펴고 앉는다

바람 자는 양지 턱에 하늘을 우러르며
봄 햇살이 전해오는 따스한 소식 찾아
온종일 납작 엎드려 백일기도 하나보다

혼자 피고 혼자 지는 외톨이면 또 어떠랴
하얀 꿈 날개 달고 더 멀리 날기 위해
차라리 밟힐지언정 해든 길을 나선다

장을 달이며

흰 곰팡이 부풀 때는 장맛이 익을 때다
어쩌다 장 뜨는 날 그때를 놓치고선
뒤늦은 칠월 한낮에 장작불을 지핀다

초심을 잃을까 봐 꽁꽁 싸맨 숱한 날들
몽글몽글 꽃피우다 까뭇까뭇 타던 속이
오롯이 지킨 자존심 우리의 맛 불러온다

살면서 찌들어진 소태 같은 멍울들,
은은한 불꽃 속에 거품마저 토해내면
말갛게 비운 가슴에 문득 달이 돋는다

봄아!

엄동설한 중턱인데
복수초 피었구나

잠결인 듯 꿈결인 듯
남 먼저 피었구나

괜스레 걱정했구나
방긋방긋 오는 너를

여진

수시로 날아들 때 꼼꼼히 읽어볼걸
경고장 2.5 진동, 내 몸 한 채 흔들었다
헛디딘 찰나의 순간 꼬리뼈가 찌지직

몸뚱이 재산 1호 입으로만 섬겨온 죄
바람막이 하나 없이 함부로 부려먹은 죄
뼈와 살 으스러지며 심판대에 올랐다

내딛는 걸음마다 내가 나를 못 믿는 날
한 뼘 문턱 넘지 못해 적막 깔고 엎드린 채
내 몸속 사용설명서 뒤늦게 읽고 있다

소금쟁이의 말

뭐든 주고 싶었고 뭘 해도 그냥 이뻤어
아프면 같이 아팠고 기쁘면 같이 기뻤어
내 마음 가짜였던 적 단 한 번도 없었어

똑똑하고 재주 많은 널 보면 질투 나서
간혹 뚝, 겹 가지 말 자르기도 했었어
끝까지 함께 가려고 말 수 조금 주렸어

니, 와카노!

밥 묵고 약 문는지 당최 기억이 업데이

달력 보며 손가락 꼽고 약봉다리 시아리고

무 놓고 또 물라 카고 여삿일이 아이네

기억 불통

먼데시러 내리 사흘 기가 차여 기가 차
당신 우유 대핀 다고 너노코 또 이자뿐능겨
내 사마 그란 적 없데이 나보고 카지 마소

서로 아이다고 시큰 씨우고 우기다가
그때 가가 그랜나, 난데없이 생사람 잡고
인자는 렌지 문 열기가 무섭데이 우짤랑고

벙어리

가슴 뛰는 아, 봄날
꽃들이 말을 건다

한마디 대답은커녕
시린 눈만 부빈다

널 보면 제풀에 지쳐
묵묵부답 나의 봄

종이비행기

빈 마음 한 장으로
나를 다 접습니다

가벼운 몸짓으로
더 먼 길 가기 위해

맨바닥 구르는 초발심
힘껏 띄워 봅니다

알알이 썩지 않는 시간

02

소요당
–오백년 소나무 숲

지체 높은 매무새
선암서원 애워쌌네

동창천 굽이도는
물소리 등에 업고

긴 허리 휘어질망정
앉지 않네, 눕지 않네

터
—육사 생가에서

7월 하늘 울음인가 장맛비 오는 근경
나고 자란 빈자리 방울방울 맺혀 있는
알알이 썩지 않는 시간, 청포도가 익고 있다

천 번의 비굴함도 만 번의 자존심도
꺾일수록 생생하게 돋아나는 들풀처럼
망초꽃 하얀 묵념 아래 서리서리 젖어있다

천둥 번개 태풍 없이 어찌 열매를 얻으리
짧은 생애 긴 침묵에 차오르는 먼 그리움
강물도 붉게 무너져 원촌리를 지난다

자화상

산허리 감아 채며 길을 막는 바람에도
반듯한 생각으로 굽이굽이 돌아가면
묻어둔 아픈 손가락 몰래 씻어 주는 강

꾸역꾸역 되삼켜도 역류하는 짙은 얼룩
온몸으로 어둠 꺾어 피리 불며 가는 물살
옷소매 걷어붙인 채 어디쯤 가고 있나

물풀의 군말 따윈 못 들은 척 귀 막고
맹꽁이 숨어 울던 맘 깊은 상처자국
헤집고 다시 헤집어 허물 씻어 주는 강

건곤감리, 다시 읽다

신처럼 고이 모시던 메리야스 종이 상자
국경일 아침이면 남 먼저 꺼내 안고
유년의 바지랑대에 목숨처럼 내걸었다

굶주리며 헐벗어도 헛꿈조차 희망이던
담벼락 기대서서 집집마다 펄럭였다
오늘엔 다는 날 다는 법, 무심히 잊고 사는

우주만물 역행하는 어지러운 시절 앞에
눈을 뜨고 보아도 보이지 않는 이 세상
쉶은 꿈 설자리 없는 잃어버린 건곤감리

옹이
-소녀상 앞에서

가슴에 깊게 박힌
짓밟혔던 붉은 상처

누군가 들춰내면
욱신욱신 아프다

말로 다 할 수가 없는
감춰온 낙인 하나

몽당 손가락

아버지의 검지 중지 지뢰밭에 묻으셨다
옭아맨 살갗 사이 보리 까끌 뽑아가며
침침한 호롱불 아래 훈장인 양 닦던 진물

몸 바쳐 싸운 기억 살아내신 힘이었나
모깃불 피우던 밤 생생하게 자랑삼던
키 작은 손가락 두 개 달빛이 와 감겼다

보는 것도 무서워서 잡지 못한 어린 천치
이순의 가슴 밭에 뉘우침을 심는 시간
해마다 유월이 오면 새순처럼 돋는다

다산초당에서

백성이 노숙한다는 초당 앞에 서본다

다산의 귀한 음성 귀먹어 들을 수 없고

눈 밝은 동백꽃만이 꽃잎 활짝 여는 아침

여름아!

그 열기 수그러들 기미가 안보이네
독하게 견디다가 제 풀에 꺾일지언정
찬물을 연신 끼얹어도 펄펄 끓는 넌 청춘

난 알지 불꽃 튀는 네 삶이 치열한 거
넘어져도 괜찮아 툭툭 털고 일어나서
그 열정 바쳐 보는 거야 기꺼이 응원할게

목장갑

글 짧고 기술 없어 막노동판 하루살이
온종일 땀에 절고 너덜너덜 찢겨서도
한 가닥 붉은 희망이 용암처럼 끓는다

때 놓치고 장소 놓쳐 빈 등은 서늘해도
내 삶의 높낮이를 계측기로 훔쳐보면
살아갈 두려움 따윈 애당초 사치였다

틈새에 주저앉아 뿜어내는 담배연기
삼복에 쌓인 피로 허공으로 실어갈 쯤
구멍 난 손가락 사이로 문패 하나 감실댄다

커피믹스
–현장에서

덜떨어진 눈곱 달고
해보다 먼저 와서

컷팅기, 불꽃 튀듯
물도 펄펄 끓습니다

혀끝에 숨은 나를 불러
또 하루를 엽니다

문패
–권정생 살던 집에서

나직한 흙담집 안
문틀에 걸린 이름

아픔이 삶인가요
가난이 울타린가요

진실로
꾹꾹 눌러 쓴
간절한 기도문 같은

품
—두류공원에서

바닥이 드러날까 속이 타는 성당 못,
등 굽은 물풀들의 발이 동동 시려 와도
바둑판 흑백 가르며 지는 해를 잡는 할배

평생 일군 자리마저 내 것이 아니었나
지폐 몇 닢 챙겨 들고 눈뜨면 찾아오는
여기는 푸근한 안방, 시름 녹여 주는 품

청도, 소싸움

가지런한 복사꽃 미녀
손님맞이 한창이다

순한 눈 부릅뜨자
번개*야 날아보자

싸움 뿔 추켜세우며
산천초목 떨게 하자

*청도 소싸움에서 우승을 제일 많이 한 소 이름.

계단

새벽을 깨우는 건 햇살만이 아니었다
어릴 적 소아마비로 절룩이는 양 씨 총각
단잠 든 골목을 흔들어 또 하루 일으킨다

'팔공 이삿짐센터' 짐수레를 끌다 보면
먼 산이 어깨 위로 슬며시 와 앉는 시간
달달한 커피믹스로 거친 숨을 달랜다

살점 없는 왼다리에 찬바람이 들며 나도
가난한 가지 끝에 둥지 틀 꿈을 향해
신발 끈 고쳐 묶고서 한 걸음 더 오른다

내 생애 최고의 날
—목언예원에서

봄비 같은 겨울비가 언 가슴 녹여준다
바람과 어둠 사이 불빛마저 다 젖는다
너도 꽃 시조집 한 채 축하받아 기쁜 날

투명한 와인과 음악 강산무위 둘러놓고
피를 나눈 형제처럼 치부 깊이 쌓아온 정
아끼던 시간을 푼다, 내 생애 최고의 날

스승님과 동인들의 진솔한 말 한마디에
봇물처럼 터진 눈물 질문 없는 대답이다
어둠이 불빛보다 환한, 길을 여는 빗소리

들락날락

늙은 나야 그렇다 쳐도
젊은 넌 왜 그르냐

세대차 아예 없는
못 말리는 건망증

집 나간 생각 찾느라
고생 많다 두 손 두 발

피로회복제

03

별

신생아실 불빛 아래
눈망울이 총총하네

하나 둘 뒤채는 몸짓
꼬물꼬물 반짝이네

별들은 밤하늘에만
뜨는 게 아니었네

피로 회복제

수시로 날아오는
사과 꽃 손자 웃음

장소를 불문 하고
동영상 돌려댄다

입 꼬리 귀에다 걸고
주름진 꽃 피우며

아기에게 배운다

겨우 눈 떨어지고
귀 열린 생후 백일

눈과 눈 마주치면
까르르 웃는 아기

사람을 가리지 말고
아낌없이 웃으란다

외손녀가 태어났어요

태풍도 장맛비도 말끔히 지나가고
비누로 씻은 듯이 산과 들이 푸르던 날
한 톨 씨 우렁찬 울음, 한 우주를 흔들었네

칠월 한낮 길섶에 핀 하얀 깨꽃 줄로 서서
땀을 뻘뻘 흘리며 축하 팡파르 울리는지
어느새 흰 새털구름 이브자리 펴고 있네

팡 팡

손 싸게 낀 아기는
제 얼굴 샌드백이다

눈 귀 열릴 때까지
헛손질 날리는 펀치

깜깜한 하늘을 열어
옹알이도 띄운다

아기 글러브

나자마자 꼭 쥔 주먹
격투는 시작이다

나를 지켜내는 일
세상과 맞서는 일

속싸개 좁은 링 위에서
바둥대는 팔다리

아들의 아들을 보며

울음으로 말하고 울음으로 대답하는
아가야 우지 마라 별똥별 떨어질라
하나 둘 베란다 불빛 일렁일렁 꺼져간다

꼴딱 꼴딱 젖 물소리 토닥토닥 트림 소리
새근새근 숨소리 꼬물꼬물 발소리
한 새벽 눈을 감아도 두 귀는 열려 있다

밤잠을 설칠수록 사랑은 더 깊어지고
잠자리 날개 같은 눈꺼풀이 떨 때마다
달콤한 치즈케익 같은 행복이 녹아든다

불꽃놀이

경자년 대보름날 두류공원 야외음악당
모두 다 마스크 끼고 여기 펑 저기서 펑
울 손자 세상 밖으로 늦은 말문 터진다

알전구 눈빛으로 "이게 모야 이게 모야"
꽃 본 나비처럼 물 본 기러기처럼
발꿈치 들었다 놨다 까르르르 까르르

달빛 환한 얼굴로 새처럼 날아오르듯
궁금한 불꽃 따라 빨려 드는 천진난만
어린 싹 활짝 피우는 그런 봄 언제 올까

산수유

1
가만히 쳐다보니
배시시 웃어주네

노란 입술 오물오물
옹알이가 제법이네

입안이 간질거리나 봐
곧 말문이 트겠네

2
산비탈 베고 누운
샛노란 조막손이

간당간당 팔을 뻗어
콜록콜록 내민다

언 입술 파르르 떨며
잡아끄는 내 옷깃

첫사랑

빡빡머리 호박벌
갈래머리 하얀 나비

눈으로 말을 했네
눈으로 대답했네

비로소 듣게 되었네
천둥치는 심장소리

봄, 부르다

샤기 컷 오뚝 선 콧날 만화 캐릭터 닮은
열다섯 그 소녀가 푹 빠졌던 비보이 춤,
피아노 영어 학원은 어린 가슴 겉 포장지

입 무게 천근이면 몸놀림은 깃털 무게
독수리 곤충 쫓아 그물 치는 날개처럼
덜 여문 관절 휘도록 높은 하늘 돌렸다

공부보다 춤이 좋아 꿈꾸던 파워무브
반쯤 핀 꽃에 빠져 벗어던진 힙합바지
분홍빛 원피스 입고 딸을 안고 오는 봄

화정역 에피소드

투입구에 천 원 지폐
억지로 밀어 넣을 때

꾸밈도 욕심도 없는
언어지체 한 젊은이

그 구간 어눌한 말로
또박또박 짚어준다

엄동의 얇은 외투
목화솜 친절 앞에

이정표 훤한 땅속 길
눈뜨고 눈감고 보는

겉치레 겹겹 포장한 나
외려 중증 장애다

짝사랑

희끗희끗 다 센 머리
가지런히 빗어놓고

날만 새면 뚫어지듯
전화기만 바라본다

큰 아들 소식이 올까
보청기 끼는 아침

소나기

차려놓은 밥상 위에 먹구름이 몰려온다
한술 밥 뜨기 전에 우르르 빗금 긋고
되씹어 꼬집어가며 잔소리가 쏟아진다

못다 준 사랑인가 애끓는 갈증인가
미더운 구석 없는 아들을 옆에 끼고
물보다 더 진한 핏줄, 끊었다가 이었다가

그어놓은 잣대 위로 눈물 줄기 홍건하다
마음 베인 상처들은 품을수록 빛나가고
곧추선 물기둥 아래 지는 싸움 또 젖는다

용접

아버지 공사 현장
따끔한 충고의 말

무작정 힘으로만
꿈을 쫓는 아들 보고

난사람 용접하란다
금강보다 단단한

유기견 엄마

대궐 같은 산장에서
질러대는 아우성

버려진 목숨들아
여기여기 모여라

노처녀
살아가는 이유
저 구름은 알까 몰라

04

꽃신

겨울비

둥지

고무신 한 켤레

눈대중

가을아!

36.5°c

건조주의보

그가

징검다리

낙엽, 당신도 그랬나 몰라

문득, 듣다

호흡을 눌러라

더위 사냥

소리 풀기

고비

희망사항

겨울비

그녀의 마음 밭은 날마다 가뭄이었다
두레박 마중물 부어 펌프질로 받들어도
한평생 타들다 못해 쩍쩍 갈라진 사랑

따뜻한 말 한마디 목을 매던 기다림도
끝끝내 듣지 못한 채 안으로만 차올라
싸늘한 호스피스 병실, 그렇게 줄줄 적시나

가쁜 숨 몰아 안고 뒤척이는 기억의 늪
남편 음성 더듬으며 새벽을 또 흔들면
꽉 닫힌 창 쪽을 바라 성에꽃 피고 있다

둥지

식구라곤 달랑 둘
그마저 혼밥 혼술

허기진 기다림도
빌딩 숲에 갇힌 저녁

그대는 곁에 있어도
내안에선 너무 멀다

고무신 한 켤레

한 지붕 각 방에서 톡으로 문안인사
수수한 하루 일과 시시콜콜 털어놓고
강산을 세 번씩이나 넘어선 그대와 나

양쪽 발 분별없는 삶의 잣대 십 문 칠
뼈 있는 말장난도 둥글게 보듬으며
바람에 마구 흔들리다 제자리를 지킵니다

다 닳은 발바닥에 욕심한 줄 덧대다가
토라져 부푼 물집 퉁퉁 불어 찢어져도
서로가 서로를 아끼며 꽃신이라 여깁니다

눈대중

1
갓 시집 온 새댁이야 도무지 알 리 없지
겉절이에 소금 톡톡 참기름 쪼록쪼록
수년간 버무린 손맛, 눈으로 읽는 게지

2
나팔꽃, 달맞이꽃 섬기는 빛 다르지만
같은 길 걷는다면 목적지가 같아야지
열 갈래 흔들리는 속 감춰도 다 보이지

3
겉과 속 다른 사람 처음엔 알 리 없지
한마디 섞어 보고 눈빛만 마주쳐도
척 보면 척하고 알지, 마음으로 읽는 게지

가을아!

바람의 손을 잡고 휘청이는 내 아들아
손아귀 힘이 풀려 나락으로 떨어져도
가는 길 두려워말고 한 걸음씩 오르자

먼저 핀 나뭇잎이 가장 오래 남아있듯
앞서 간 생각들이 더 멀리 가는 거다
내일은 분명 오기에 오늘 나를 껴안자

붉고 고운 먼 산 단풍 다가서면 상처투성이
맞서서 붉히지 말고 물러서서 나아가자
견뎌야 비로소 얻는 환한 길을 닦으며

36.5°c*

32병동 위암 환자
상현달로 누워있다

생살을 도려내고
상처마다 신음 소리

만삭의 새살 채우는
삶의 온도 뜨겁다

*칠곡 경대병원 공식로고

건조주의보

1
말끝마다 까칠해진 당신이 걱정되오
작은 불똥 튕겨도 와르르 불이 붙듯
권태기 앓는 가슴에 봄비는 사치일까

2
고함의 높이만큼 쪼그라든 새가슴
메마른 말꼬리에 믿음마저 갈라질라
서로를 바라보는 눈길 멀어져도 더 가깝다

그가

하늘이 무너져도
맨손으로 받던 그가

마음 안에 긍정의 힘
신처럼 모시던 그가

암 진단 받아든 그날
노란 하늘 보았다네

징검다리

사람과 사람사이
급물살 도는 시간

좋은 것도 싫은 것도
겅중겅중 밟고 간다

굽은 등 내려앉아도
지고 가는 산그늘

낙엽, 당신도 그랬나 몰라

나도 한땐 내 전부를 그대 향해 바쳤지

곱던 생각 한 장 한 장 가슴에 묻어두고

온 세상 다 내 것인 양 진하게 붉던 한때

문득, 듣다
–대금 9

뱀 부르는 귀신 소리
왜 자꾸 불어 쌌노

밥이 나와 돈이 나와
세월만 허비 하제

댓바람 엄마 목소리,
떨며 우는 약손가락

호흡을 눌러라
–대금 10

진양조 양반걸음
푸른 산 올라선다

목젖이 꺽꺽 운다
쓴소리 눌러본다

골 깊어 숨 가쁜 능선,
타고 넘는 무릉도원

더위 사냥
—대금 11

형제자매 만남보다
더 잦은 도반끼리

절인 하루 뽑어낸다
열대야도 물렀거라

너울춤 상령산 풀이
늘어지며 젖는 장삼

소리 풀기
–대금 12

팽개친 날은 길고
마주한 날은 적어

뜨거운 입김에도
마디마디 삑사리다

토라져 어깃장 놓는
널 어르고 달랜다

고비
—대금 13

대쪽 성질 이길라 카마
뱃심을 키워 야제

어깨 힘만 잔뜩 들먼
꺾어질 리 만무하제

아서라
애꿎은 목젖
가릉가릉 알아 쌌노

희망사항
–대금 14

한 그루 대나무로
서 있어야 들려올까

긴 호흡 쭉쭉 뻗어
칸칸마다 올라서면

소리로 피워내는 꽃,
듣는 귀에 향기 날까

05

시를 캐다

알바생 Q씨

겨울아!

도대체 넌 누구냐

시를 캐다

3월

독거

뱁새

입춘

물음표

깽깽이풀

누가 뭐래도

가랑비

2020, 대구

시작詩作

나의 시는

뜸

알바생 Q씨

코로나에 딱 잡혔다, 하늘 길 뚝 끊겼다
기약 없는 시간 앞에 연장처럼 뛰다 보면
명문대 박사학위도 작업복엔 차별 없다

부수고 깨고 뜯고 풀풀 나는 먼지 더미
스페너, 앙카, 빠루, 닥친 대로 익히면서
그 하필 복구현장의 빗자루질 당차다

캠퍼스 칸칸마다 더디 흐른 꿈은 졸고
저당된 긴긴 하루 낯선 도구 몸에 붙여
다 삭은 못을 뽑는다, 스펙이라 더한다

겨울아!

칼바람 후벼 파도 웬만하면 울지마라
천 번의 엉덩방아 멍들도록 찧어도
발 동동 홀로 가는 길 주저앉진 말거라

언제나 사철 푸른 저 동백 숲을 보라
설한의 붉은 꽃이 눈부시지 않더냐
천천히 봄날 오거든 두 팔 벌려 껴안아라

도대체 넌 누구냐

공기와 바람사이로
소리 없이 떠돌다가

쥐도 새도 다 모르게
온 우주를 공격하네

은밀한
왕관*을 벗고
제발 그만 물러가라

*신종코로나 현미경으로 본 모양

시를 캐다

먼저 핀 꽃은 지고 연둣빛 어린 봄날

묵정밭 고랑고랑 마른 속 헤집으며

온종일 흩어진 시어, 자루 가득 캐 담는다

쑥이랑 머위 달래, 민들레랑 씀바귀

요맘때 써먹어야 제 맛 나는 시어들

읽으면 입맛 돋우는 쌉싸름한 시를 캔다

3월

흰 목련 꽃망울도
실눈 뜨고 웃는 3월

반눈 뜨고 해 가리다
반눈 감고 보는 호수

정오와 하오 사이에
윤슬로 오는 그대

독거

마디마디 통풍 앓는
외딴집 매화나무

속 깊은 딸이 올까
설친 잠을 깨우며

긴 겨울 껴입은 채로
꽃 한 송이 내다건다

뱁새

짧은 다리 동동 걷고
곡예 하는 작은 새야

어쩌자고 높은 하늘
부리로 재려하나

오목눈 반짝거려서
골라내는 씨앗 하나

입춘

매화나무 가지마다
새겨놓은 점자 편지

눈이 먼 상모솔새
콕콕 눌러 보는 사이

어금니
쑥 빠진 바람
깜짝할 새 읽고 가네

물음표

빈방에 흐르는 고요
나도 같이 정적이다

창가에 기웃대는
햇살을 끌어안고

흘린 시 어디 없냐고
길나서는 늦은 오후

깽깽이풀

비탈진 바위 아래
무리 지어 피었습니다

서로를 거울삼아
겸손하게 피었습니다

가만히 제자리 앉아
천리 길을 걷습니다

누가 뭐래도
–2020년 4월

파릇파릇 여린 새순 몽글몽글 끓고 있다
나란히 이산 저산 참 정겨운 어깨동무
햇살이 산 아궁이마다 희망의 불, 지핀다

아무렴 대구의 봄, 바이러스 천지라 해도
변함없는 낮달 아래 하얀 철쭉 다시 피고
유난히 바람 거세도 앞산 더욱 푸르다

뭉치면 죽는다고 흩어져 사는 시간
두려움이 더 할수록 서로를 멀리하며
담담히 이겨내고 있지 부글부글 코로나19

가랑비

핏기라곤 하나 없는
얼굴빛 하얀 언니

휘청이는 저물녘에
눈 밝은 이 찾아와

꽉 막힌 혈자리마다
침을 톡톡 꽂는다

2020, 대구

수성못 연홍빛 봄
빼앗긴 적 있었던가

잔잔한 물 위에는
오리배도 길을 잃고

눈부신
벚꽃잎들만
마스크를 벗고 섰다

시작詩作

쓰윽 슥 갈다보면
문장도 날이 설까

캄캄한 생각들이
하얀 속살 드러낼까

찬물을 끼얹어 봐도
대답 없는 무딘 날

나의 시는

움막인지 대궐인지 도면도 하나 없이

허구한 날 먹줄 튕겨 지우고 또 쌓는다

날 새면 무너지고 말 꿈속의 청기와 집

뜸

삼시세끼 밥보다도 더 배부른 시조 한 편

윤기 나는 은유 솥에 고슬고슬 짓고 싶어

열대야 푹푹 끓이며 푸른 뜸을 들인다

06

발문

드러내지 않는 내공, 그 은밀한 발자국

정경화 | 시인

1.

『문득,』을 받아 쥐고 순간 길을 잃는다. 우정숙 시인과는 최근 십여 년간, 함께한 시간이 제일 많았던 동인이자 내가 가장 많이 의지해 온 멘토이기도 하다. 기쁘고 벅찬 마음과 동시에 그야말로 문득, 나는 그녀의 시조에게 얼마나 관심이 있었는지 미안한 마음이 앞섰기 때문이다.

첫 번째 시조집『너도 꽃』을 보면 늘 새로운 목표 아래 열정을 다하고 자신을 담금질해 온, 그리하여 시조쓰기로 인해 삶의 가치가 어떻게 바뀔 수 있는지 그 모범 사례라는 찬사를 받기도 했다. 그런 첫 시집의 탄탄한 시력의 여세를 몰아 쉴 틈 없이 창작에 몰두해 온 두 번째 시조집을 일독하면서 계속해서 떠오르는 분이 있었으니 바로 다산 정약용 선생이다. 여러 방면에서 재능을 발휘한 조선의 르레상스인!

다산에게는 황상이라는 제자가 있었는데 스승 정약용으로부터 받은 '세 가지 부지런함三勤'의 가르침을 평생 간직하였다는 일화는 유명하다.

첫째, 외우기를 빨리하면(敏, 민) 그 폐단은 소홀히 하게 되는 것이며

둘째, 글짓기를 빨리하면(銳, 예) 그 폐단은 부실不實하게 되는 것이요

셋째, 이해를 빨리하면(捷, 첩) 그 폐단은 거칠게 되는 것이다.

무릇 둔하면서 파고드는 자는 그 구멍이 넓어지고,
막혔다가 소통이 되면 그 흐름이 툭 트이며,
미욱한 것을 닦아 내면 그 빛이 윤택하게 되는 법이다.

파 들어가는 것은 어떻게 하느냐? 부지런함이다.
소통시키는 것은 어떻게 하느냐? 부지런함이다.
닦아 내는 것은 어떻게 하느냐? 역시 부지런함이다.

이 '부지런함'을 어떻게 다할 수 있느냐? '마음가짐을 확고히 하는 것'이다.

다산이 말한 부지런함은 결국 마음가짐으로 귀결된다. 우정숙 시인은 이미 그 옛날의 가르침을 받고 온 사람인 양 여느 사람들과는 사뭇 다른 마음가짐이 있다. 조금이라도 궁금한 것은 그야말로 끝까지 파고들고, 답답하거나 막혔다고 생각할 때는 어떻게든 소통해 나가고, 부족한 것은 끊임없이 갈고 닦는 그런 부지런함이 몸, 마음과 그 영혼까지도 단단히 지배하고 있는 사람이기에 이 권학문을 떠올려보았다.

이런 부지런함으로 만학도로서의 불안함과 자괴감을 극복하고 때마다 성실히 빚어내는 진솔한 시작詩作 활동을 하고 있는 것이다. 이미 우정숙 시인의 엄청난 내공과 그 겸손한 발자국을 너무나 잘 알고 있는 터라 그의 시조를 분석하고 해설하기보다 먼저 그의 시조에 푹 빠져들어 감상하는 좋은 독자가 되어보고자 한다. 요즘 앞다투어 보여주는 음악 경연 프로그램에서 심사위원이 너무나 훌륭한 참가자 앞에서는 심사하는 것도 잊어버리고 그냥 함께 즐기듯이 말이다.

2.

아직도 못다 놓은 바람 끝을 잡고 있나
상처 난 꽃잎마다 몰래 흘린 눈물 자국
겹겹이 새긴 외로움 삶의 문양 또렷한 너

찾지 못한 사랑 있어 간절한 꿈이 있어
천 갈래로 뻗어가는 저 속을 누가 알까
매달려 시들어가도 모르는 척 웃고 있네

오래 움켜쥔다고 더 눈부신 삶이더냐
이제 그만 놓으라고 그래도 괜찮다고
봄 햇살 맨발로 와서 붉은 어혈 풀어주네

—「선운사 동백」 전문

선운사의 동백 앞에 서면 누구나 붉은 시 한 편이 나올 것만 같다. 우정숙 시인이 보고 깨달은 것은 과연 무엇일까. 자신에게 보내는 위로보다는 견지자의 입장에서 새로운 길을 제시해 보이고 있다. 가혹하리만치 채찍질만 하는 상대에게 그의 삶을 반추해 보이며 칭찬과 동시에 등을 도닥여주는 따뜻한 시편이다. 특히 "겹겹이 새긴 외로움" 사이에 "삶의 문양"이 또렷하게 새겨져 있다고 본인도 모르는 흔적을 각인시킨다. 그래도 아직 남은 "간절한 꿈이 있어" 더욱 매달리는 모습은 안쓰럽기까지 하다. 어느새 시간의 잔주름은 자꾸 늘어나는데 그렇게 더 "오래 움켜쥔다"고 더 빛나기만 한 것은 아니라고 강조한다. 오히려 힘을 풀고 한 발 물러 앉아보라는 권유가 조용히 들어있다. 때때로 그냥 걸어가기만 해도 추운 겨울날, 그 추위를 피하기는커녕 더욱더 힘겨운 빙판길을 자청해서 가고 있는 이들을 위해 시인은 기꺼이 맨발의 봄 햇살이 되어 다가가 주고 있다.

이렇게 동백을 노래한 시 중에 이어서 단수 한 편을 바로 건져낸다.

그대 맘에 묻힌다면

눈 속이어도 좋아라

언제나 함께라면
창파여도 좋아라

꼿꼿이
손 꼭 잡은 채
숨이 지면 더 좋아라

—「동백」 전문

우정숙의 시조 중에서 대표 단수 한 편을 꼽으라면 당연히 이 「동백」을 꼽고 싶다. 여기서 함께 하고 싶다는 사랑의 대상이 남편이어도 좋고, 자식이어도 좋고, 시조여도 좋겠다. 함께 가는 길이 그 시린 겨울의 '눈 속에 묻히'어도 따뜻함을 느끼고 거대한 바다의 파도 앞에서도 두려움이 없어질 정도로 당당하다. 하물며 '손을 꼭 잡은 채 숨이 지면' 더욱 좋다는 종장의 반전이야말로 시조에서 나타낼 수 있는 최고의 절창을 뽑아내었다고 할 수 있겠다. 어느 명창이 부르는 노래가 이같이도 절절할 수 있을까? 더 이상의 그의 시조를 넘겨보지 않아도 좋을 만큼 독자의 무릎을 꿇리고 마는 작품이다.

선운사 동백이라는 한 가지 소재를 가지고 연시조

한 편과 단시조 한 편을 각각 시상의 구도에 맞게 잘 형상화 시켜나간 것은 바로 다산의 권학도 중에 첫 번째인 파고드는 부지런함이 바로 잘 나타나 있는 대목이기도 하다.

다음은 사소하면서도 실상은 큰 비중을 차지하는 생활 속에서 찾아낸 시조를 몇 편 본다.

처음엔 파란 불꽃 그을음도 없었다
손끝 살짝 닿으면 찌지직 스파크 일고
두 눈빛 알전구처럼 총명하고 맑았다

어느새 미간의 주름 까맣게 새긴 저녁
옆구리 툭툭 치며 어제 일도 기억 못 해
또 하루 거꾸로 더듬다 되물어 다그친다

강도 높던 점화력도 스르르 기가 죽고
깜박깜박 멀어지는 충전의 시간 위로
무덤덤 말수는 줄고 정물로나 앉았다

―「늙은 가스렌지」 전문

부엌에는 이제 새로운 인덕션이니 하이라이트니 하는 첨단의 조리기구들이 들어와 있다. 오래된 가스레

인지는 바로 버려야 하는데 뒤 베란다로 물러나 있다. 비단 뒤채를 차지하고 있는 것이 어디 가스레인지뿐일까, 아까워서 잘 버리지 못하는 성정을 갖고 있음이 분명하다. 수십 년간 가족의 식단을 도맡아서 조리해 주며 손끝만 닿아도 부드럽게 파란 불꽃이 일었다. 국이면 국, 찌개면 찌개, 뿌연 뺏국까지도 달빛과 함께 우려내며 함께 해온 도반이었을 것이다. "알전구처럼 총명하고 맑았"던 눈망울도 이제는 "어제 일도 기억 못"한 비슷한 처지가 되고 만다. "스르르 기가 죽"는 나이이지만 마지막으로 몇 번의 기회가 더 주어질 수도 있겠다는 바람이 충전의 시간으로 기다리고 있다. "어쩐지 무덤덤 말 수"가 줄어든 노인들의 자화상 같다. 아무도 알아주지 않지만, 나만의 골동품인 양 닦아 내며 정감 있는 정물로 앉혀두었다. 무엇 하나 예사롭게 보지 않는 기질이 찾아낸 소재를 또 하나의 귀한 작품으로 탄생시켰다.

오르고 올라보면 굽은 길도 훤하다
오가는 사람들의 발끝에 차여가며
절간 앞 돌계단 틈새, 자리 펴고 앉는다

바람 자는 양지 턱에 하늘을 우러르며
봄 햇살이 전해오는 따스한 소식 찾아
온종일 납작 엎드려 백일기도 하나 보다

혼자 피고 혼자 지는 외톨이면 또 어떠랴
하얀 꿈 날개 달고 더 멀리 날기 위해
차라리 밟힐지언정 해든 길을 나선다

―「민들레 일기」 전문

어떤 길인지 구체적으로 명시되어 있지는 않지만 아마도 집 앞에 우뚝 자리한 앞산이 아닌가 생각된다. 시인의 사색은 늘 자주 하는 산책에서 더 깊이 나온다. 굽이를 돌고 또다시 층층 계단을 올라야 소담한 절이 한 채 나오는 곳으로 짐작이 된다. 아마도 매일 드나드는 그 사이 "슬슬 자리 펴고 앉"기 시작한 민들레와의 교감이 시작되었나 보다. 아무도 들여다보지 않는 "돌계단 틈새", "혼자 피고 혼자 지는 외톨이"라도 더욱 납작 엎으려 기도에 임하는 모습으로 읽고 있다. 우리 인간은 모두가 결국 홀로인 존재다. 그 외로움을 나누기라도 하려는 듯 홀로인 한 떨기 들꽃에게 눈빛을 건넨다. 그리고 자신이 올리는 백일기도처럼 민들레도 누군가를 위한 백일기도를 올리는 것으로 본다. 기도란 결코 자신의 안일을 위해서가 아닌 가족과 타인을 위한 것일 때 그 진가가 배가 되는 것이다. 그래야 "차라리 밟힐지언정" 당당하게 "해든 길을 나선"다고 말할 수 있지 않을까.

흰 곰팡이 부풀 때는 장맛이 익을 때다
어쩌다 장 뜨는 날 그때를 놓치고선
뒤늦은 칠월 한낮에 장작불을 지핀다

초심을 잃을까 봐 꽁꽁 싸맨 숱한 날들
몽글몽글 꽃피우다 까뭇까뭇 타던 속이
오롯이 지킨 자존심 우리의 맛 불러온다

살면서 찌들어진 소태 같은 멍울들
은은한 불꽃 속에 거품마저 토해내면
말갛게 비운 가슴에 문득 달이 돋는다

–「장을 달이며」 전문

"흰 곰팡이가 부풀 때는 장맛이 익을 때"라고 도입 단계부터 짭조름한 장맛으로 독자의 마음을 확 끌어당긴다. 어쩌다 그때를 놓치고 칠월 한낮에 불을 붙였으니 그 땀 바가지의 부산함은 보지 않아도 짐작이 간다. 시인은 장작을 지피면서 "초심을 잃을까 봐" 그렇게도 "꽁꽁 싸맨" 날들을 떠올리며 오늘의 상황을 이입하기에 이른다. 언제나 드러내지 않고 의연하던 모습도 정작은 하루하루가 "까뭇까뭇 타던 속"이었다는 것을 은연중에 고백한다. 날마다 오롯이 지켜온 자존심이야말로 그 누구도 흉내 낼 수 없는 시인만의 장맛으로 만들어내기에 충분하다. 한 가지 목표를 정하고 가는 장정의 길에서는 시간이 지날수록 그 초심을 잃어버리기가 쉽다. 그리고 변명과 핑계가 늘어난다. 바쁘다. 아프다. 그러면서 정작 자신의 초발심이 잃어가는 부분을 인정하려고 들지 않는다. 그저 그 이유를 상대에게서 찾거나 외부로 돌려버리고 자신은 빠져나가기 일쑤다. 또다시 살아가며 조금씩 생성될 수밖에 없는 "소태같은 멍울들"도 남몰래 울컥울컥 토해내면서 얼마나 긴 기도로 자신을 성찰해 왔는지를 알 수 있는 대목이다. 어느새 말갛게 달여진 마음을 장독에 앉힌다. 그리고는 천년의 거울처럼 자신을 비춰보는데 "문득, 달" 하나가 돋아주다니…

「늙은 가스렌지」와 「민들레 일기」와 그리고 「장을 달이면서」에서 얻어내는 일상의 작품 속에서도 서론에 말한 권학도의 두 번째인 소통, 매사에 흐름이 툭 트이는 의미로서의 또다른 창작의 부지런함을 볼 수 있었다.

한 지붕 각 방에서 톡으로 문안 인사
수수한 하루 일과 시시콜콜 털어놓고
강산을 세 번씩이나 넘어선 그대와 나

양쪽 발 분별없는 삶의 잣대 십 문 칠
뼈 있는 말장난도 둥글게 보듬으면서
바람에 마구 흔들리다 제자리를 지킵니다

다 닳은 발바닥에 욕심 한 줄 덧대다가
토라져 부푼 물집 퉁퉁 불어 찢어져도
서로가 서로를 아끼며 꽃신이라 여깁니다

─「고무신 한 켤레」 전문

버킷리스트를 다룬 영화를 본 적이 있다. 죽음을 앞둔 노인들이 자신의 버킷리스트를 하나씩 실천해보는 것이다. 스카이다이빙을 하고, 문신하고, 머스탱 운전을 하고, 최고급 레스토랑에서 식사한다. 인도의 타지마할, 중국의 만리장성, 아프리카의 사파리, 이집트의 피라미드를 누린다. 하지만 인생의 진정한 버킷리스트는 무엇일까? 역시 가족 간의 사랑이다. 이 세상과 이별 전에 해야 할 일은 딸과의 화해였고 가족과 나누는 정이었다. 이미 30년 이상을 산 부부라면 각방을 쓴다는 건 그리 낯선 풍경이 아니다. 오히려 각자의 취미나 자아실현을 위해 홀로 있는 시간을 배려하는 경우가 많다. 그나마 톡으로라도 문자를 주고받으니 지극히 현실적이고 재미있는 일상의 시작이다. 부부란 누구보다도 전쟁을 가장 많이 치른 사이이지만 상대적으로 바퀴벌레 한 마리도 두 사람이 힘을 합쳐 잡아내는 사이 아닌가. 그러다 보면 때때로 그 선을 넘기도 하고 뼈 있는 말장난에 흔들리기도 하지만 결국 "십 문 칠"의 사이즈는 오른발 왼발이 같아야 하기에 날마다 다시 찾아 나란히 신는다. 그래야 함께 걸어갈 수 있기 때문이다. "욕심 한 줄 덧대다가" "토라져 부푼 물집"도 질긴 고무신이기에 쉽게 생기기도 하고 금세 아물기도 하는 것이다. 얼마나 다행인가 이 부부에게는 고무신도 꽃신이라니! 날마다 새살이 돋아 언제나 풋풋하게 살아가는 부부의 정을 느낄 수 있는 참 곱고 정겨운 시조다.

덤으로 또 다른 부부애를 느낄 수 있는 사투리 시조로 잠시 웃고 넘어가자.

먼데시러 내리 사흘 기가 차여 기가 차

당신 우유 대핀다고 너노코 또 이자뿐능겨

내사마 그란 적 없데이 나보고 카지 마소

서로 아이다고 시큰 씨우고 우기다가

그때 가가 그랜나, 난데없이 생사람 잡고

인자는 렌지 문 열기가 무섭데이 우짤랑고

—「기억 불통」전문

밥 묵고 약 묻는지 당최 기억이 업데이

달력 보며 손가락 꼽고 약봉다리 시아리고

무 놓고 또 물라 카고 여삿일이 아이네

—「니, 와카노!」 전문

시조時調는 시절가조時節歌調의 준말이다. 그 시대의 이야기를 그대로 쓰라는 말이다. 시조가 늘, 서정을 내재한 품격과 서사를 가미한 사유까지 나타낼 수 있기만 하다면야 더 무엇을 바랄까만 때로 가볍게 찡긋거리는 윙크처럼, 스치는 향수처럼 슬몃 미소 짓게 하거나 순간 폭소를 자아내게 하는 소품을 잘 만드는 것도 그 역할 중에 하나라고 생각한다. 그 시대만이 가지는 차별성, 그 시절이 아니면 이해할 수 없는 풍자적인 재미까지 엮어져 보여준다면 독자들에겐 작은 위로가 되기도 할 것이다.

나 대신 누군가가 실수를 해주지 않으면 이제 진짜

웃을 일도 없을랑가? 더 설명할 필요 없이 의성 사투리로 그대로 따라 읊조려본다.

“또 이자뿐능교! 내사마 그란적 없데이! 약봉다리나 시아리고! 우짤랑고!”

7월 하늘 울음인가 장맛비 오는 근경
나고 자란 빈자리 방울방울 맺혀 있는
알알이 썩지 않는 시간, 청포도가 익고 있다

천 번의 비굴함도 만 번의 자존심도
꺾일수록 생생하게 돋아나는 들풀처럼
망초꽃 하얀 묵념 아래 서리서리 젖어있다

천둥 번개 태풍 없이 어찌 열매를 얻으리
짧은 생애 긴 침묵에 차오르는 먼 그리움
강물도 붉게 무너져 원촌리를 지난다

-「터 -이육사 생가에서」 전문

역사 속으로 들어간다는 것은 사람을 만나는 공부라고 했다. 한국사의 가장 중요한 부분을 차지하는 게 독립 운동사인데 그중에서도 이육사는 독립운동가이면서 시인이기에 더욱더 숙연해지는 시편이다. 베이

징과 서울을 오가며 독립운동을 하다가 1943년 4월 서울에서 검거되어 베이징으로 압송되었고, 이듬해 건강이 악화되어 조국의 광복을 보지 못한 채 베이징 감옥에서 돌아가셨다. 이육사는 민족적인 신념을 담은 의지적인 저항시를 많이 창작했다. 이육사 생가는 원래 안동군 도산면에 있던 것을 1976년 안동댐 수몰로 인해 안동 시내로 옮겨진 후에는 한쪽 일각문 자리에 대문이 서고 원래의 대문 자리는 이웃집 돌담이어서 담장도 대문도 없게 되었다. 옛 집터에는 1993년에 청포도를 새긴 시비詩碑가 건립되었다. 그 터에 가보면 툭 트인 원경이 언제나 청포도 같은 싱그런 그리움을 끌어오는 것 같은 느낌이 나는 곳이다. 시인도 이 옛터에 서서 육사의 신념 앞에 "하얀 묵념"을 올리고 있는 것이다.

첫수에서는 울음처럼 내리고 있는 장맛비 한 올 한 올을 그 시절을 지나 현재까지 아니 어쩌면 먼 미래까지도 "알알이 썩지 않는 시간"으로 배치하여 늘 싱싱한 "청포도가 익"어가는 정황으로 전개해 나간다. 그리고 둘째 수는 일제 암흑기의 역사 속으로 들어가 그 시대의 비굴함과 지켜나가야 할 자존심을 "꺾일수록 생생하게 돋아나는 들풀"로 환생시켜 "망초꽃 하얀 묵념"을 서리서리 받아내고 있다. 마지막 수에서는 육사를 통해 깨달은 나의 의지는 그리움으로 가득하다. 시인이 역사 현장을 기행하고 사색을 하는 이유가 여기에 있다. 열매를 얻기 위해 희생양이 되는 위인들의 생애는 너무 짧다. 그러나 그 깊은 침묵은 길다. 그 침묵의 뜻을 오롯이 받아들인 화자는 붉은 강물이 되어 흐르고 있는 것이다.

3부 〈피로회복제〉는 동심을 자극할 만한 예쁜 시조들이 가득하다. 손자손녀를 돌봐 주면서 순간을 놓치지 않고 포착한 작품인데 결코 가볍지 않은 메시지가 담겨있다.

"별들은 밤하늘에만 / 뜨는 게 아니었네"

–「별」 종장

"수시로 날아오는 / 사과 꽃 손자 웃음"

–「피로회복제」 초장

"사람을 가리지 말고 / 아낌없이 웃으란다"

–「아기에게 배운다」 종장

"나자마자 꼭 쥔 주먹 / 격투는 시작이다"

—「아기 글러브」 초장

이렇듯 제목과 더불어 곱씹어 읽을수록 맛이 나는 것은 어쩌면 딱 한 문장이면 족할 수도 있겠다. 연이어 내 가슴을 팡팡 치는 작품이 하나 있다.

손 싸게 낀 아기는
제 얼굴 샌드백이다

눈 귀 열릴 때까지
헛손질 날리는 펀치

깜깜한 하늘을 열어
옹알이도 띄운다

—「팡 팡」 전문

바동거리며 헛손질하는 보에 쌓인 아기의 모습을 상상하며 웃음 짓다가 그렇지! 하며 무릎을 친다. 자칫 지나칠 뻔한 해답을 하나 얻은 것 같다. "눈 귀 열릴 때까지 헛손질로 날리는 펀치", 결국은 제 눈과 귀가 열려야만 세상 이치를 알 수 있는 법! 제 얼굴을 향한 끊임없는 헛손질 후에라야 말이다. 그럼에도 불구하고 "깜깜한 하늘을 열어" "옹알이도 띄"워보는 무심의 경지도 이미 갖고 태어난다는 것을 몰랐다. 할머니 시인만이 가지는 투시력을 정서적으로 잘 용해시켜낸 작품이다.

밤 부르는 귀신 소리
왜 자꾸 불어 쌌노

밥이 나와 돈이 나와
세월만 허비하제

댓바람 엄마 목소리,
떨리는 약손가락

―「문득, 듣다 ―대금 9」 전문

4부에서 깔끔하게 단수로 정리한 대금 관련 시조가 몇 편 보인다. 첫 시조집 『너도 꽃』에서 이미 대금 시리즈를 통해 완성도를 높인 작품이 여럿 있었다. 또 다른 자기 성찰의 한 방편인지 틈틈이 놓지 않고 있는 대금에 대한 사랑 또한 지극하다. 시인에게 오늘은 하늘에 계신 엄마의 목소리가 문득, 들려 한편의 작품으로 승화되었다. 시인의 엄마도 역시 옛사람인지라 예술의 한 장르를 이해하려 들지 않는다. 으늑한 밤이나 어둑새벽에 들려오는 호랑지빠귀 소리, 아니 먼 제주

해녀의 숨비소리 같기만 해도 좋으련만 이가 빠진 귀신 소리 같은 삑사리가 자꾸 들려오니 그럴 수밖에…

뜨거운 입김에도 / 마디마디 삑사리다

토라져 어깃장 놓는 / 널 어르고 달랜다

–「소리 풀기 –대금 12」 중장, 종장

팩트 그대로를 묘사한 시조 한 부분을 보면 이해가 쉬울 것 같다. 밥도 되지 않고 돈도 되지 않는다는 엄마의 원초적인 잔소리가 이제는 문득 그리운가보다 엄마의 잔소리를 '댓바람'으로 앉히고 중복적으로 살갑게 다가오는 엄마의 목소리에 화자의 약손가락은 떨리고 있는 것이다. 대금연주에 있어서 특히 약손가락의 중요성을 들은 바 있는데 이미 세상에 없는 노모의 목소리가 어쩌면 그 손가락으로 접신 되어 문득, 그 음률을 타고 시인의 가슴으로 들어오신 것이다. 이제는 삑사리 없이 제법 구슬지고 절절한 가락을 들려드릴 수 있는데 엄마는 어디로 다시 날아가시는지…

"성인의 도도 음악이 아니면 시행되지 못하고 제왕의 정치도 음악이 아니면 성공하지 못하고 천지 만물의 정도 음악이 아니면 조화롭게 되지 못한다"

역시 다산의 말씀이다. 음악이 없는 사회는 원망이

더 많고 죄와 벌도 많아지고 하물며 전쟁도 더 자주 일어났다고도 한다. 아무튼, 시업을 완성해 나가는 길에 대금연주가 좋은 벗이 되길 바란다.

이제 마지막으로, 각 부마다 계절에게 보내는 특별한 시편이 있어 거론해본다. 시인의 남다른 의도가 느껴졌기 때문이다.

엄동설한 중턱인데 / 복수초 피었구나
잠결인 듯 꿈결인 듯 / 남 먼저 피었구나/
괜스레 걱정했구나 / 방긋방긋 오는 너를
–「봄아!」 전문

난 알지 불꽃 튀는 네 삶이 치열한 거
넘어져도 괜찮아 툭툭 털고 일어나서
그 열정 바쳐 보는 거야 기꺼이 응원할게
–「여름아!」 둘째 수

붉고 고운 먼 산 단풍 다가서면 상처투성이
맞서서 붉히지 말고 물러서서 나아가자
견뎌야 비로소 얻는 환한 길을 닦으며
–「가을아」 셋째 수

언제나 사철 푸른 저 동백 숲을 보라

설한의 붉은 꽃이 눈부시지 않더냐
천천히 봄날 오거든 두 팔 벌려 껴안아라
–「겨울아」 둘째 수

봄, 여름, 가을, 겨울을 자식을 부르는 듯 다정하게 부르고 있다.

밀레니얼 세대에 대한 세간의 관심은 좀 과장되긴 했어도 아래와 같이 요약하기도 한다.
밀레니얼 세대, 불편한 저녁 약속은 이제 그만
밀레니얼 세대, 브런치는 보여주기 위한 것
밀레니얼 세대, 우리는 역시 맥주보다 포도주
밀레니얼 세대, 불필요한 격식은 이제 끝
밀레니얼 세대, 꼭 극장에 갈 필요 있나요?
〈하략〉

이 세대가 우리의 자녀들이다. 가치관이 하루가 다르게 변한다. 깊고 진한 멋과는 자꾸 동떨어지고 가볍고 예쁜 맛에만 쉽게 반응한다. 결국, 이들에게 우리 세대의 잣대를 자꾸 갖다 대는 건 꼰대로 보이기 십상이다. 하지만 어쩌겠나, 그들의 미래가 거울처럼 빤히 보이는 게 어미만이 가진 예지력인데 자식들에게 기도 같은 자신의 시조를 한 편씩 남겨주고 싶었으리라. 이미 잘 하고 있는 딸에게는 "괜스레 걱정했" 다며 등을 토닥이고 "기꺼이 응원"하겠다고 용기를 주기도 하고 또 아들에게는 "맞서서 붉히지 말고 물러서서 나아가자"라며 양보의 미덕과 "설한의 붉은 꽃이 눈부시"다는 굳은 의지에 대해서도 피력하고 있다. 작품성과 문학성을 부여하기 전의 자식을 위한 날것 그대로의 시조이다. 자신이 걸어왔던 길에 대한 반성이나 성찰을 깊이 숨겨 놓고, 변화무쌍하지만 어김없이 찾아오는 사계절의 천리와 함께 어미는 언제라도 그들의 징검다리가 되어줄 것이다.

3

우정숙 시인은 시조 단의 직책을 맡거나 각종 행사나 국제적인 큰일을 할 때도 언제나 쪽문과 밑바닥과 틈새 일을 끝까지 잘 살피며 헌신해 온 사람이다. 한편, 어떤 부조리와도 맞설 기개도 있고 용기도 있지만, 자신의 위치와 때와 장소를 가릴 줄 알고 결코 그 어떤 공도 자신이 받으려 하지 않고 능히 남들에게 양보하는 인격을 갖추고 있다. 그런 인간미를 가진 시인이 쓰는 시조가 어찌 단순한 말 부림이나 음풍농월일 수 있겠는가. 일일이 다 거론하지 못했지만, 역사 속에서는 깨달음의 미학을, 공사 현장에서는 저만의 포시법捕詩法으로 긴장감 넘치는 작품을 건져냈다. 또 생활 속에서는 섭리와 감성의 고리를 잘 연결하였으며, 가족사를 노래한 부분에서는 사투리와 동심을 잘 버무려 순수화시켰다. 특히 단시조 「입춘」과 「징검다리」

등 몇 편은 그 뼈대가 탄탄하며 완성도가 높았는데 다 거론하지 못하여 아쉬웠다. 그만이 가진 따스한 예지력으로 두 번째 시집『문득,』에서 한껏 무르익은 시력詩歷을 볼 수 있었다.

짓대는 보이지 않으나 언제나 가슴에 남아 널리 펄럭이는 사람, 좋은 사람의 이미지만큼이나 그의 시조도 이제 당당한 짓대를 꽂고 나직한 바람을 일으킬 것으로 믿는다.